Juha Kaitakorpi

GEN,
KARATEKA

Tehtävämateriaali

© 2022 Kaitakorpi, Juha

Kustantaja: BoD – Books on Demand, Helsinki, Suomi
Valmistaja: BoD – Books on Demand, Norderstedt, Saksa

ISBN: 978-952-80-6375-9

Sisällysluettelo

Johdanto

TÄMÄ KIRJA ON OHEISMATERIAALI KIRJALLE GEN, KARATEKA (ISBN: 978-952-80-2205-3).

Tehtäväkirja sisältää tehtäviä, jotka liittyvät Gen, karateka -kirjan sisältöön. Saadaksesi kaiken ilon irti tehtävistä sinulla on hyvä olla tämä kirja. Tehtävät on jaoteltu kirjan lukujen mukaisesti. Jokaisesta luvusta on annettu lyhyt juonikuvaus sekä lista käsitellyistä teemoista.

Idea tehtävämateriaalille syntyi palautteesta, jonka mukaan kirja sopisi hyvin myös koululuokassa yhdessä käsiteltäväksi kirjaksi. Kirjassa käsitellään muun muassa paljon erilaisia tunteita, ystävyyttä, erilaisia näkökulmia, harjoittelua, kilpailua ja voiton tavoittelua sekä tutustuttaa karateen lajina. Näistä teemoista syntyneet keskustelut herättivät ajatuksen opettajille suunnatusta tehtävämateriaalista, joka tarjoaisi monipuolisesti valmiita tehtäviä kirjan käsittelyn tueksi. Valmiita tuntisuunnitelmia en tarjoa, vaan tehtävistä voi jokainen opettaja omalla ammattitaidollaan valikoida luokalleen ja tilanteeseen sopivimmat tehtävät ja soveltaa niiden pohjalta. Osa tehtävistä toimii parhaiten pareittain tai ryhmässä toimien. Moni tehtävä sopii myös yksin suoritettavaksi, joten tehtäväkirja antaa paljon kenelle tahansa lukijalle, joka on lukenut tai lukee parhaillaan Gen, karatekaa.

Sisällysluettelossa ilmoitetaan kirjainkoodeilla kunkin luvun sisältämät eri tehtävätyypit. Tehtävät on luokiteltu seuraavasti:

(K) Kuullun ja luetun ymmärrys: Tehtävät kertaavat tarinan sisältöä.

(P) Pohdinta: Sisältää mm. moraali-, terveys-, tunne- ja kaveritaitoihin liittyviä pohdintatehtäviä. Ne sopivat yhdessä keskusteltaviksi ja vanhemmilla oppilailla myös kirjallisiksi tehtäviksi.

(L) Liikuntatehtävä: Karaten viitepelejä tai niistä johdettuja harjoitteita, jotka sopivat esimerkiksi liikuntatunneille.

(T) Taide ja tarkkaavuus: mm. piirustus- väritys- ja sokkelotehtäviä.

(D) Draama ja toiminta: Eläydytään kirjan tapahtumiin ja hahmoihin draaman keinoin.

Gen, Karateka -kirjan yksi opettavainen tavoite on herättää ajatuksia. Suurin osa tehtävistä on luonteeltaan ajatuksia ja keskustelua herättäviä, eikä niihin ole olemassa yhtä oikeaa vastausta. Kuullun ja luetun ymmärrystehtäviin sekä ensimmäisen luvun sokkelotehtävään löytyvät vastaukset kirjan lopusta luvuittain eriteltyinä. Monistettavat liitteet ovat tulostettavissa netistä osoitteesta:
https://drive.google.com/drive/folders/1YsBe6Qv39usw_TdsD1NdJEqKzNOeTfog?usp=sharing

Hauskoja hetkiä tehtävien parissa!
Juha Kaitakorpi

1. luku

Eksyksissä

Luvun tiivistelmä:	Chun saapuu kylään, ja joutuu heti Sarun dojon ilkeiden karatekojen kiusaamaksi. Tiikerikaksoset Migi ja Hidari saapuvat auttamaan.
Teemat:	Eksyminen, auttaminen

Kuullun ja luetun ymmärrys

1. Miksi Chun eksyi?
2. Ketkä auttoivat Chunia?

Pohdinta

1. Oletko joskus eksynyt? Miltä se tuntui?
2. Miten olisit itse toiminut Chunin tilanteessa? Miten toimit, jos olet eksynyt?
3. Miten toimit, jos näet jonkun muun olevan eksyksissä? Miten toimit, jos sinulta kysytään apua?
4. Mitä tunteita hahmot kokivat luvussa?

Draama ja toiminta

Eläydytään hahmoihin ja keksitään vaihtoehtoisia ratkaisuja tarinan tilanteisiin. Miten tilanne olisi voinut mennä toisin? Näytellään syntyneet ratkaisut.

Taide ja tarkkaavuus

Liite 1: Labyrinttisokkelo
1. Auta Chun keskustorin kautta Wen-sedän luo.
2. Auta Migi Wen-sedän luo kulkemalla viivoja pitkin. Saat loikata matkan aikana viivalta toiselle kaksi kertaa. (Ulkoreunoja pitkin ei saa kulkea!)

Tulostaa voit osoitteesta:
https://drive.google.com/file/d/1LDL3x5p4k4VxoxnEpjjUKLhd-druBDte/view?usp=sharing

2. luku

Satorun koe

Luvun tiivistelmä:	Kaksoset suostuttelevat Chunin mukaansa karatedojolleen, missä Satoru-sensei pitää pandalle pääsykokeen, jonka läpäistyään tämä saa nimekseen Gen sisällään piilevän potentiaalin mukaan.
Teemat:	Sinnikkyys

Kuullun ja luetun ymmärrys

1. Mikä on dojo?
2. Missä Satorun dojo sijaitsi?
3. Miksi Satoru testasi Chunia?
4. Miltä Chunista tuntui testin aikana?
5. Mikä auttoi Chunia jatkamaan?

Pohdinta

1. Mikä on sinnikkyyttä? Minkälaisissa tilanteissa se voisi näkyä?
2. Onko sinun tehnyt mieli luovuttaa jossain asiassa? Miksi?
3. Mikä auttaisi sinua olemaan sinnikäs, vaikka tekisi mieli luovuttaa?
4. Miten sinä toimit vaikeassa tilanteessa? Miten sinä olisit toiminut Genin tilanteessa?

Liikuntatehtävä

Mitä taitoja Satorun taitorata kehitti? Suunnitellaan ja rakennetaan oma taitorata.

Taide ja tarkkaavuus

Liite 2: Kuvajäljennysristikko: Piirrä Gen.

Tulostaa voit osoitteesta:
https://drive.google.com/file/d/17CbeN9sNqYJ75FAANEBYp13rfmAZTCLO/view?usp=sharing

3. luku

Ensimmäiset harjoitukset

Luvun tiivistelmä:	Genin tapaa ensimmäisissä harjoituksissaan simpanssi Genjuun, joka vaikuttaa ensin pelottavalta ja ilkeältä. Tilanne kärjistyy kahdenkeskiseen kilpailuun, jonka lopputuloksena Gen vaarantaa itsensä. Genjuu pelastaa tämän ja paljastuukin kivaksi kaveriksi. Satorun menneisyydestä paljastuu salaperäinen nimi: Kensei.
Teemat:	Ennakkoluulot, kiukku, viha, ystävyys

Kuullun ja luetun ymmärrys

1. Miksi Gen ei pitänyt aluksi Genjuusta?
2. Mitä Gen oppi?

Pohdinta

1. Mitä tunteita hahmot kokivat? Miten se näkyi? Missä eri tunteet tuntuvat?
2. Oletko itse tehnyt vääriä päätelmiä toisesta ennakkoluulojen tai ulkonäön perusteella? Miten tilanne selvisi?
3. Oletko joskus suuttunut toiselle? Miten toimit?
4. Jos olet vihainen, miten rauhoitat itseäsi?
5. Toimiko Gen mielestäsi oikein? Mitä olisit itse tehnyt?
6. Miten lähtisit tutustumaan uuteen tuttavaan?

Draama ja toiminta

Eläydytään hahmoihin ja keksitään vaihtoehtoisia ratkaisuja tarinan tilanteisiin. Miten tilanne olisi voinut mennä toisin? Näytellään syntyneet ratkaisut.

Taide ja tarkkaavuus

Palapeli: Tehdään palapeli esim. kartonkipaperista. Jokainen piirtää omaan palaseensa itsensä, oman hahmonsa tai mitä ikinä haluaakaan itsestään kertoa. Kootaan lopuksi palapeli yhdessä.

4. luku

Nopeat kädet

Luvun tiivistelmä:	Kaikki harjoittelevat tuleviin kisoihin, ja Gen saa Satorulta erikoisapua rentouden harjoitteluun. Ennen kisoja kaverukset menevät pelihalliin, jossa Gen kohtaa jälleen Kentan. Gen selviytyy kohtaamisesta oppimiensa taitojen avulla.
Teemat:	Jännitys, rentous, pelko, rohkeus

Kuullun ja luetun ymmärrys

1. Mitä Gen harjoitteli?
2. Miksi Gen harjoitteli rentoutumista?
3. Minne Gen ja hänen ystävänsä menivät päivää ennen kisoja?
4. Mitä Gen huomasi oppimistaan taidoista?
5. Miksi Geniä pelotti?

Pohdinta

1. Oletko huomannut oppimasi tiedon tai taidon olevan hyödyllinen jossain täysin toisessa tilanteessa?
2. Mikä taito olisi hyödyllinen jossain toisessa tilanteessa?
3. Mitä tunteita hahmot kokivat luvussa?
4. Oletko joskus ollut pelottavassa tai jännittävässä tilanteessa yksin? Miten selvisit tilanteesta?
5. Miten olisit toiminut Genin tilanteessa?
6. Missä rentous tuntuu? Miten sinä rentoudut?

Draama ja toiminta

1. Mielen rentoutus
   Laita silmät kiinni. Hengitä rauhallisesti nenän kautta sisään ja suun kautta ulos. Kuvittele ympärillesi kupla, jonka sisällä on rauhallista ja turvallista. Kaikki häiritsevät ajatukset voit jättää kuplan ulkopuolelle. Kun mielesi on rauhallinen ja keskittynyt, voit avata silmäsi.

2. Kehon rentoutus
   Jännitä kätesi tiukkaan nyrkkiin ja laske rauhassa kolmeen. Tämän jälkeen anna kätesi rentoutua. Toista tämä 2-3 kertaa. Voit käydä samalla tavalla läpi koko kehosi käsien lihaksista jalkoihin asti yksi kehonosa kerrallaan.

1. Reaktioharjoitus (pareittain):

   Pari pitää toisen edessä kahta hernepussia, yksi kummankin jalan yläpuolella. Pari päästää jommankumman pussin irti, jolloin toinen yrittää vetää kyseisen puolen jalan alta pois, ennen kuin pussi osuu. Vaikeutta voi säätää pussien korkeutta laskemalla ja nostamalla. Sopiva lähtökorkeus aloittelijalle on vyötärön korkeus, taitavalle polven korkeus. Tehtävä helpottuu, kun muistat pysyä rentona. Jos tehtävä tuntuu vaikealta ja huomaat jännittäväsi, rentouta itsesi ja rauhoita mielesi. Yritä sitten uudelleen.

2. Hernepussin nappaus (pareittain):

   Toinen seisoo otteluasennossa, ja pari roikottaa hänen edessään hernepussia pään korkeudella. Kun pari päästää pussista irti, yrittää otteluasennossa seisova napata pussin takimmaisella kädellään suoralla lyöntiliikkeellä. ÄLÄ KAHMAISE ALAKAUTTA! Vinkki: kierrä keskivartaloa samalla kun ojennat kättä, niin hernepussin nappaus helpottuu. Jos nappaus tuntuu helpolta, voi pussin pitäjä laskea pussia hartian korkeudelle. Tehtävä helpottuu myös, kun muistat pysyä rentona. Jos tehtävä tuntuu vaikealta ja huomaat jännittäväsi, rentouta itsesi ja rauhoita mielesi. Yritä sitten uudelleen.

5. luku

Kohtaamisia kisapaikalla

Luvun tiivistelmä:	Kisat alkavat, ja Gen ystävystyy Sam-nimisen koalan kanssa. Heti ensimmäisessä ottelussa Gen kohtaa Kentan ystävän, Jaakun, joka ei olekaan aivan niin helppo vastus kuin miltä aluksi vaikuttaa.
Teemat:	Jännitys, rentous, rohkeus

Kuullun ja luetun ymmärrys

1. Miten Sam-koala toimi Kentan kanssa?
2. Miten Jaaku huijasi Geniä?

Pohdinta

1. Miten toimit, jos sinua kiusataan?
2. Miten pidät puolesi kiusaajan edessä?

Draama ja toiminta

Eläydytään eri hahmoihin ja opetellaan ajattelemaan toisen kokemuksesta ja näkökulmasta. Näytellään kohtaamistilanne kisapaikalla ennen otteluiden alkua. Vaihdetaan rooleja ja näytellään uudelleen. Miltä tuntui olla esim. Gen, Kenta tai Sam? Oliko johonkin hahmoon helpompi samaistua? Tuntuiko joku hahmo tosi etäiseltä?

Liikuntatehtävä

Hännänryöstöä pareittain. Joukkuenauha kiinnitetään kevyesti pelaajien selän taakse housuihin hännäksi, ja pelaajat yrittävät napata toisiltaan nauhoja.

Tätä voidaan pelata myös joukkueittain. Joukkueet yrittävät napata vastapuolen nauhat ja vievät ne kotipesäänsä. Peli päättyy, kun toinen joukkue on menettänyt kaikki nauhansa. Peli pysyy hauskempana, kun käytössä on kotipesissä reservinauhoja, joita voi hakea menetetyn tilalle siihen asti, kunnes ne loppuvat. Tämän jälkeen ei voi enää palata peliin.

6. luku

Tiukkoja tilanteita

Luvun tiivistelmä:	Gen kohtaa finaalissa uuden ystävänsä Samin. Myös kaksosten sarjat alkavat. Kenta pelaa likaista peliä ja vahingoittaa Hidaria. Genin sisäinen rohkeus nousee pintaan. Avoimessa sarjassa Genjuulla on vastassaan hurja Ryoku, joka näyttää liittyvän jotenkin Kenseihin. Satorun menneisyys alkaa rakoilla.
Teemat:	Ystävyys, rohkeus, kiukku, voittaminen, häviäminen

Kuullun ja luetun ymmärrys

1. Miltä Genistä tuntui otella uuden kaverin kanssa?
2. Miksi Gen alkoi väsyä ottelun aikana, mutta Sam ei?
3. Miksi Kenta hylättiin kisasarjasta?
4. Mitä erikoista avoimessa sarjassa oli?

Pohdinta

1. Mitä tunteita hahmot kokivat luvussa? Miten se näkyi?
2. Miltä voittaminen ja häviäminen pelissä tuntuu?
3. Miten toimit, jos häviät pelin tai ottelun?
4. Mitä luulet Kenseille on tapahtuneen?

Liikuntatehtävä

Harjoitellaan pyykkipoikaottelua. Säännöt lyhyesti:

Kummankin paitaan kiinnitettiin neljä pyykkipoikaa: kaksi eteen rinnan korkeuteen, yksi vatsaan ja yksi selkään. Pyykkipojat on hyvä olla pelaajilla eri väriset. Tarkoitus on saada karatemaisella tekniikalla pyykkipoika vastustajalta. Tämä tarkoittaa käytännössä otteluasennossa liikkumista ja suoria kädenojennuksia vartaloa samalla kiertäen, kuten edellisen luvun hernepussiharjoituksessa harjoiteltiin. Pussin voi napata myös etummaisella kädellä.

Pisteytys: Jos pyykkipojan onnistuu saamaan käteensä, saa kaksi pistettä. Jos pyykkipoika tipahtaa nappaamisen yhteydessä maahan, saa vain yhden pisteen. Otteluaika voidaan sopia tilanteen mukaan, esim. 1,5 - 2 minuuttiin. Peli päättyy, kun aika loppuu, tai kun pelaajilla on kahdeksan pisteen ero. Enemmän pisteitä saanut voittaa.

7. luku

Menneisyyden varjot

Luvun tiivistelmä:	Satorun salaperäinen menneisyys paljastuu lopulta Genille. Satoru ja Saru olivat ennen ystäviä, joiden tiet kuitenkin erkanivat. Kensei ja Genjuu olivat Satorun ensimmäiset oppilaat, mutta Kensein kiivas luonne ajoi hänet vastoinkäymisten kautta Sarun dojolle, jossa hänestä tuli Ryoku!
Teemat:	Ystävyys, riitely, erilaiset näkökulmat

Kuullun ja luetun ymmärrys

1. Millainen henkilö Saru on?
2. Kuka Kensei oli?
3. Miksi Kensei oli lähtenyt Satorun dojosta?
4. Mitä Ryokun ja Katsun välillä oli tapahtunut?

Pohdinta

1. Onko tappelu oikea tapa ratkoa riidat?
2. Miten itse toimisit Kensein / Ryokun tilanteessa?
3. Miten karateottelu ja tappelu eroavat toisistaan?
4. Oletko joskus riidellyt jonkun kanssa? Miltä se tuntui?
5. Miten sovitte riidan?
6. Mitä tunteita hahmot kokivat luvussa? Miten se näkyi?

Draama ja toiminta

Eläydytään eri hahmoihin ja opetellaan ajattelemaan toisen kokemuksesta ja näkökulmasta. Näytellään jokin tilanne Satorun menneisyydestä tai täysin kuvitteellinen kohtaaminen hahmojen välillä. Vaihdetaan rooleja ja näytellään uudelleen. Miltä tuntui olla esim. Genjuu, Kensei tai Satoru? Oliko johonkin hahmoon helpompi samaistua? Tuntuiko joku hahmo tosi etäiseltä? Mitä voit oppia eri hahmoilta?

8. luku

Haaste

Luvun tiivistelmä:	Ryoku ilmestyy haastamaan Genin, mutta tämä ei ole kiinnostunut. Ryokulle selviää, kuinka suuri uhka Gen hänelle on. Myöhemmin Gen suostuu haasteeseen estääkseen Ryokua satuttamasta Jaakua ja muita.
Teemat:	Kateus, kiusaaminen, rohkeus, toisten kohteleminen

Kuullun ja luetun ymmärrys

1. Miksi Ryoku haastoi Genin?
2. Miksi Gen lopulta hyväksyi haasteen?

Pohdinta

1. Oletko ollut joskus kateellinen jollekin? Mistä asiasta?
2. Mitä haittaa kateudesta voi olla? Voiko siitä olla myös hyötyä?
3. Jos olet joskus ollut kateellinen, mieti, oliko asia sinulle tärkeä? Pelkäsitkö menettäväsi jotain, vai oliko toisella jotain, mitä sinulla ei ollut? Voisiko kateuden kääntää tavoitteeksi, jota kohti pyrkiä? Miten tämä onnistuisi?
4. Mitä sinä tekisit, jos näet, että jotain toista kiusataan?
5. Miten voisit auttaa kiusattua?

Draama ja toiminta

1. Mietitään erilaisia ratkaisuja, miten toimia kiusaajan edessä, tai jos näet jotakuta kiusattavan. Näytellään syntyneet ratkaisut.
2. Tehdään vaihtoehtoisia ratkaisuja tarinan tilanteeseen. Keskustellaan lopuksi ratkaisujen toimivuudesta.

9. luku

Vyökoe

Luvun tiivistelmä:	On Genin ensimmäisen vyökokeen aika. Häntä jännittää aluksi, ja jossain vaiheessa tuntuu, että hän epäonnistuisi. Hän kuitenkin ryhdistäytyy ja suorittaa vyökokeen onnistuneesti läpi.
Teemat:	Jännittäminen, sinnikkyys

Kuullun ja luetun ymmärrys

1. Millaisia haasteita Genillä oli vyökokeessa?
2. Mikä sai Genin olon helpottumaan?

Pohdinta

1. Onko sinua jännittänyt kokeessa tai jossain muussa tilanteessa?
2. Miten selvisit tilanteesta?
3. Millaisia haittoja jännittämisestä on? Voiko siitä olla hyötyäkin? Millaista?
4. Mikä voisi helpottaa, kun jännittää liikaa?

Liikuntatehtävä

Keksitään ja opetellaan liikesarja: Asetutaan piiriin. Leikin aloittaja keksii liikkeen, ja kaikki toistavat tämän. Seuraava keksii uuden liikkeen, joka lisätään edellisen perään, ja kaikki toistavat liikesarjan alusta lähtien. Tätä jatketaan, kunnes kierros on tehty loppuun ja kaikki ovat saaneet keksiä oman liikkeensä. Harjoitellaan yhdessä luotu liikesarja ulkoa.

Liikesarjaan voi ulkoa opettelun helpottamiseksi keksiä tarinan. Tarinaa voidaan keksiä jo liikkeitä keksiessä tai vasta liikesarjan valmistuttua.

10. luku

Haikeat syntymäpäivät

Luvun tiivistelmä:	On Genin syntymäpäivä, mutta tämä on haikea. Muut yrittävät piristää häntä ja järjestävät suuret juhlat. Genin vanhemmat saapuvat yllätysvieraina. Lopulta selviää, että Genin on palattava takaisin kotiin. Gen valmistautuu lähtemään kotiin, ja tunnelma on haikea. Genin vanhemmat saavat yllättäen uuden työtehtävän, ja Gen saa jäädä vielä seuraavaksi vuodeksi setänsä luokse.
Teemat:	Ystävyys, suru, luopuminen

Kuullun ja luetun ymmärrys

1. Miksi Gen oli surullinen?
2. Miten muut yrittivät piristää Geniä?
3. Mitä yllättävää juhlissa tapahtui?
4. Miksi Gen tulikin takaisin?

Pohdinta

1. Oletko joskus joutunut sanomaan jollekulle hyvästi? Miltä se tuntui?
2. Mitä tunteita hahmot kokivat luvussa? Miten ne näkyivät? Miten ne näkyvät sinussa?
3. Mikä auttaa sinua, kun olet surullinen?
4. Miten voit ilahduttaa toista?
5. Miten olisit toiminut Genin asemassa? Entä Hidarin tai Migin?
6. Miten pidät yhteyttä muiden kanssa, jotka asuvat kaukana?

Taide ja tarkkaavuus

Onko sinulla joku kaveri, ketä et ole tavannut pitkään aikaan? Kirjoita hänelle kirje, lähetä tekstiviesti tai piirrä kuva.

Draama ja toiminta

Eläydytään eri hahmoihin ja opetellaan ajattelemaan toisen kokemuksesta ja näkökulmasta. Näytellään jokin tilanne Genin syntymäpäiväjuhlista tai kuvitteellinen kohtaaminen hahmojen välillä. Mitä Gen, Hidari tai Migi sanoisivat toisilleen? Vaihdetaan rooleja ja näytellään uudelleen. Miltä eri rooleissa tuntui olla? Millaisia tunteita hahmot kokivat?

11. luku

Uusi koulu

Luvun tiivistelmä:	Gen aloittaa uudessa koulussa ja saa osakseen paljon huomiota hyväksyttyään Ryokun haasteen. Gen ahdistuu, ja Migi suostuttelee hänet mukaan koulun lehteen valokuvaajaksi. Gen ottaa kuvia koulun jokavuotisessa liikuntatapahtumassa ja osallistuu myös Sarun pitämään karateharjoitukseen. Harjoitusten jälkeen Kenta kaverinsa Taron kanssa yllyttävät Geniä näyttämään karatetekniikoita saadakseen hänet pulaan. Gen esittää tietämätöntä, ja Kenta hermostuu ja hyökkää Taroa kohti, joka loukkaantuu. Tämä on esimerkki siitä, kuinka karatea ei saa käyttää salin ulkopuolella, etenkään koulun käytävillä.
Teemat:	Harjoittelu, rohkeus, säännöt, erilaiset näkökulmat, monta tapaa tehdä asiat

Kuullun ja luetun ymmärrys

1. Millaisen tehtävän Gen sai koulun lehdestä?
2. Miksi Kenta ja Taro yllyttivät Geniä?
3. Mitä Tarolle tapahtui?

Pohdinta

1. Saako kamppailulajien liikkeitä käyttää koulussa? Perustele.
2. Miten olisit itse toiminut Genin tilanteessa?
3. Oliko Gen mielestäsi rohkea, kun ei antanut periksi yllytykselle?

Taide ja tarkkaavuus

1. Asetu Migin rooliin ja kirjoita uutinen liikuntapäivän tapahtumista.
2. Ota valokuvia jostain kiinnostavasta kohteesta tai tapahtumasta ja mieti kuville sopivat kuvatekstit.

Liikuntatehtävä

1. Liikutetaan toista (pareittain):
   Parit seisovat kasvotusten, ja toinen alkaa liikuttaa rauhallisesti käsiään ja jalkojaan – voi tehdä myös liikkeessä, jos haluaa lisähaastetta. Toinen yrittää seurata ja kopioida liikkeitä mahdollisimman tarkasti. Molempien tehtyä harjoitus voidaan pohtia, tuntuiko tehtävä seuraajan näkökulmasta helpolta vai haastavalta.

2. Liikutetaan sokkona:

Parit seisovat kasvotusten, ja toinen laittaa silmät kiinni. Sokkona oleva laittaa kätensä parin käden päälle lepäämään muttei kuitenkaan tartu kiinni. Pari lähtee ohjaamaan sokkona olevaa rauhallisilla liikkeillä eri suuntiin huolehtien samalla turvallisuudesta. Sokkona oleva pyrkii pysymään mukana irrottamatta käsikontaktia. Molempien tehtyä harjoitus voidaan pohtia, tuntuiko tehtävä seuraajan näkökulmasta helpolta vai haastavalta. Entä viejän?

Vertailun vuoksi samaa voidaan yrittää ilman käsikontaktia. Pari voi ohjatakseen antaa korkeintaan lyhyitä yhdessä sovittuja äänimerkkejä.

Pohditaan lopuksi yhdessä, mikä tapa (tehtävät 1 ja 2) oli seuraajan näkökulmasta helpointa, haastavinta tai pelottavinta? Entä viejän? Miksi?

12. luku

Talviharjoittelua

Luvun tiivistelmä:	Talvi tulee Midorin kylään, ja Satoru opettaa oppilailleen pyyhkäisytekniikkaa lumikinosten avulla. Kun perusteet on opittu, alkaa tarkempi harjoittelu. Hidari hätiköi ja hoppuilee. Lopulta hän satuttaa itsensä hätiköinnin takia.
Teemat:	Harjoittelu, tasapaino, kärsivällisyys ja ohjeiden kuunteleminen

Kuullun ja luetun ymmärrys

1. Mitä taitoa Gen ystävineen harjoitteli?
2. Miksi Hidari satutti itsensä?

Pohdinta

1. Oletko joskus hoppuillut tai hätiköinyt? Mikä oli lopputulos? Mitä olisi kannattanut tehdä toisin?
2. Miten kärsivällisyyttä voisi harjoitella?

Liikuntatehtävä

1. Opeta toiselle jokin taito tai asia, jonka tekemiseen tai opetteluun vaaditaan useampi vaihe. Pari harjoittelee ohjeiden kuuntelemista.
2. Nopeat jalat
   Asetetaan hernepusseja noin 20 cm välein kahteen jonoon. Pyyhkäistään jalkapohjalla pussit sivuun yksi kerrallaan otteluasennossa edeten. Takimmainen jalka toimii tukijalkana, etummainen jalka pyyhkäisee. Sama jalka pysyy etummaisena ja pyyhkäisee pussit koko jonon matkalta. Takaisin päin pyyhkäistään toisella jalalla.
   Parin tai ryhmän kanssa voi kisata, kuka saa omat jononsa nopeimmin pyyhkäistyä.
3. Kehitetään tasapainoa
   1. vaihe: Hypitään yhdellä jalalla viivalta toiselle. Jokaisen loikan jälkeen pyritään hakemaan tasapaino, ennen kuin otetaan seuraava loikka.
   2. vaihe: Laitetaan hernepussi pään päälle ja toistetaan 1. vaihe. Jos pussi tippuu, palataan takaisin lähtöviivalle.
   3. vaihe: Nostetaan polvi ylös ja asetetaan hernepussi polvelle. Toistetaan vaihe 1. Jos pussi tippuu, palataan takaisin lähtöviivalle.
   4. vaihe: Asetetaan hernepussi jalkapöydän päälle. Jalan voi pitää alhaalla suorana. Toistetaan vaihe 1. Jos pussi tippuu, palataan takaisin lähtöviivalle.
   5. vaihe. Jokaisen loikan jälkeen haetaan hyvä tasapaino ja tehdään mahdollisimman hyvä ja vakaa vaaka-asento. Hernepussin voi halutessaan pitää pään päällä.

13. luku

Leiri

Luvun tiivistelmä:	Kaverukset menevät karateleirille, jossa opettajana on Satorun ja Sarun entinen sensei Tatsuo. Tämä opettaa shippo- eli häntätekniikoita. Gen ja hänen ystävänsä tapaavat myös ketun nimeltä Kaze ja suden nimeltä Tatsumaki.
Teemat:	Erilaiset näkökulmat, monta tapaa tehdä asiat, vahvuudet

Kuullun ja luetun ymmärrys

1. Mitä erikoistekniikkaa Tatsuon leirillä opeteltiin?
2. Mikä oli leirin tarkoitus?
3. Liitteet 3 ja 4. Väritetään Kaze ja Tatsumaki. Kirjoitetaan kuvien ympärille ajatuskartat, mitä hahmoista opittiin. Millaisia ominaisuuksia ja vahvuuksia heillä on?

Tulostaa voit myös osoitteista:
https://drive.google.com/file/d/1TEVYUURZxT8EgmAB2Et0dfezbCaPtz1r/view?usp=sharing

ja

https://drive.google.com/file/d/139PWkDt6papHOG0v3e7oXJpVLDfugiYz/view?usp=sharing

Pohdinta

1. Kenen luulet olevan Genin huonekaveri?
2. Oletko ollut joskus leirillä? Millaista siellä oli?
3. Oletko saanut leireillä uusia ystäviä?
4. Pohtikaa yhdessä asioita, joita voi tehdä monella eri tavalla. Minkä tavan itse valitsisit? Miksi?

Taide ja tarkkaavuus

1. Vahvuudet esiin: Kaikilla on taitoja, joissa on hyvä. Mitä taitoja sinulla on? Piirrä tai kirjoita.
2. Joskus emme aina huomaa kaikkia vahvuuksiamme, joten on hyvä kysyä myös kaverilta. Teipataan paperi jokaisen selkään ja kierrellään ympäri kirjoittamassa jokaisen selkään heidän vahvuutensa.

14. luku

Kensei

Luvun tiivistelmä:	Gen päätyy huonekaveriksi Ryokun kanssa ja saa kuulla tarinan Ryokun menneisyydestä hänen näkökulmastaan: kuinka hän erosi Sarun dojosta, kuinka häntä kiusattiin Sarun dojossa, ja miten hän alkoi harjoitella ja tavoitella voittoa kostaakseen kiusaajalleen ja saadakseen muiden arvostusta. Gen kyseenalaistaa Ryokun tavan harjoitella, ja Ryoku alkaa epäillä itseään. Hän näkee erikoisen unen ja päättää kuitenkin pysyä valitsemallaan tiellä. Tatsuo antaa Genille neuvoja, kuinka otella Ryokua vastaan ja miten auttaa Ryokua pääsemään irti vihastaan.
Teemat:	Viha, ystävyys, voiton tavoittelu, monet eri näkökulmat

Kuullun ja luetun ymmärrys

1. Miksi Ryokulle oli niin tärkeää olla paras?
2. Mitä neuvoja Tatsuo antoi Genille?

Pohdinta

1. Mitä tunteita hahmot kokivat luvussa?
2. Miltä kiusaaminen tuntuu? Millaisia tunteita se herättää?
3. Millaisia seurauksia kiusaamisella voi olla?
4. Miten sinä tekisit jaot joukkuepeleissä? Keksikää mahdollisimman monta tapaa niin, ettei kukaan jää viimeiseksi.
5. Mieti pienen Kensein valintaa unessa? Entä Ryokun? Minkä valinnan sinä olisit tehnyt?
6. Mitä hyötyjä ja haittoja voiton tavoittelulla voi olla?
7. Onko jokin taito tai asia, jonka haluaisit oppia? Miten aiot saavuttaa tämän tavoitteen? Kuka voisi tukea sinua, jotta saavutat unelmasi? Mieti tarkkaan kaikkia välivaiheita ja asioita, joita sinun on tehtävä tai osattava, ennen kuin voit päästä tavoitteeseesi, ja kirjoita sitten itsellesi suunnitelma, miten edetä. Apuna voit käyttää Liitteen 5 taulukkoa. Tulostaa voit osoitteesta:
https://drive.google.com/file/d/1oPNbN3_D9vt_WpqGOeSwlrMgtrK97-ce/view?usp=sharing

Draama ja toiminta

1. Miten tutustut uuteen ihmiseen tai otat toisen mukaan leikkiin? Keksikää jokin tilanne, jossa pieni Kensei on mukana ja ottakaa hänet mukaan leikkiin. Näytelkää tilanne.

15. luku

Vastoinkäymisiä

Luvun tiivistelmä:	Migi saa sinisen vyön, mutta Hidari epäonnistuu vyökokeessa. Tämä masentaa häntä, koska kaksoset ovat aina edenneet samaan tahtiin. Tilannetta pahentaa se, että myös Ryoku on suorittanut ruskean vyön. Kylällä kohdatessaan Jaaku tulee kertomaan isoveljensä palaavan takaisin matkoiltaan. Hänen veljensä on Katsu, Ryokun vanha kiusaaja Sarun dojosta. Hidari päättää tsempata ja harjoitella lujemmin saadakseen myös sinisen vyön.
Teemat:	Epäonnistuminen, pettymys, suru, päättäväisyys

Kuullun ja luetun ymmärrys

1. Mitä vaikeuksia Hidarilla oli vyökokeessa?
2. Miksi epäonnistuminen tuntui Hidarista niin pahalta?
3. Mistä Ryoku suuttui?

Pohdinta

1. Mitä tunteita hahmot kokivat luvussa? Miten ne näkyivät hahmoissa?
2. Mieti tilannetta, jossa olet joskus epäonnistunut. Miltä se tuntui?
3. Miten käsittelit asian?
4. Oletko joskus oppinut jotain epäonnistumisesta? Mitä?
5. Miten kannustat itseäsi jatkamaan ja yrittämään uudelleen, jos epäonnistut?
6. Miltä päättäväisyys tuntuu? Missä se tuntuu?
7. Miltä päättäväinen henkilö näyttää? Miten hän käyttäytyy?

Draama ja toiminta

1. Miten onnittelet tai iloitset toisen onnistumisesta, jos itse olet epäonnistunut? Miten lohdutat ja kannustat toista, joka on epäonnistunut? Näytelkää kuvitteellinen tilanne, jossa toinen on onnistunut, ja toinen ei. Vaihtakaa rooleja ja näytelkää uudestaan. Miltä eri rooleissa tuntui?
2. Keksitään kuvitteellinen tilanne, jossa epävarma ja päättäväinen henkilö kohtaavat toisensa. Miten he puhuvat ja toimivat. Näytellään tilanne.

16. luku

Kisat alkavat

Luvun tiivistelmä:	Kilpailut alkavat. Gen kohtaa laiskiaisen nimeltä Lucas, joka osaa otella unissaan. Erikoinen ottelutyyli tuottaa haasteita, mutta Gen selviytyy jatkoon. Hidari kohtaa tatamilla Kazen, jonka kanssa hän on toivonut uusintaottelua leirikohtaamisestaan asti. Hän on oppinut edellisistä virheistään ja onnistuu voittamaan.
Teemat:	Yllättävät tilanteet, tarkkaavaisuus

Kuullun ja luetun ymmärrys

1. Mitä erikoista Genin vastustajassa oli?
2. Miten Lucasin ottelutyyli muuttui ottelun aikana?
3. Millainen oli Kazen ottelutaktiikka?
4. Miten Hidari onnistui voittamaan?

Pohdinta

1. Miten toimit, jos toinen yrittää ärsyttää? Miten pysyt rauhallisena?
2. Miten sinä toimit yllättävässä tilanteessa?

Liikuntatehtävä

1. Ole tarkkana
   Tehdään piiri. Yksi menee piirin keskelle, piirissä oleville jaetaan jokaiselle pehmeä pallo. Piirin keskellä oleva laittaa silmät kiinni. Joku piirissä olevista antaa äänimerkin, jolloin keskellä oleva avaa silmänsä ja kääntyy äänen suuntaan. Äänimerkin antaja heittää pallon kohti keskellä olijaa, joka yrittää väistää palloa tai lyödä sen pois. Tämän jälkeen silmät laitetaan jälleen kiinni, ja joku muu antaa merkin. Kun kaikki ovat heittäneet pallon, keskellä olija vaihtuu. Isossa ryhmässä vaihtoja voidaan tehdä tiheämmin.

2. Pysy keskellä
   Piirissä olevat lähtevät yksi kerrallaan kävelemään kädet eteen ojennettuina kohti keskellä olijaa, joka pyrkii väistämään lähestymiset ja pysymään ringin keskellä. Kävelijät jatkavat matkaansa eteenpäin väistönkin jälkeen, kunnes ovat taas piirin kehällä. Keskellä olija voi tässä vaihtoehdossa pitää silmät auki, ellei sitten halua haastaa enemmän itseään. Vaikeutta voi lisätä myös tiivistämällä tahtia niin, että useampi lähtee lähes samaan aikaan liikkeelle.

17. luku

Semifinaalit

Luvun tiivistelmä:	Tatsumaki ja Ryoku ottelevat hurjan ottelun, jossa Tatsumaki esittelee hurjan potkutekniikkansa. Ryoku onnistuu murtautumaan tekniikan läpi ja voittaa. Ryoku olettaa kohtaavansa Katsun semifinaalissa, mutta kilpakaavio näyttääkin muuta. Tatamilla kohtaavat Katsu ja Gen. Katsu iskee kovaa heti alussa ja onnistuu pelottamaan Geniä. Ryoku yllättää kaikki kannustamalla Geniä, minkä ansiosta Gen selättää pelkonsa ja Katsun. Ryoku kohtaakin tatamilla Genjuun, joka onnistuu ensimmäistä kertaa elämässään pääsemään johtoon otellessaan Ryokua vastaan.
Teemat:	Ahdistus, pelko, tarkkaavaisuus

Kuullun ja luetun ymmärrys

1. Mikä oli Tatsumakin erikoistekniikka?
2. Mistä Ryoku järkyttyi?
3. Mitä Gen pelkäsi?
4. Miksi Ryoku kannusti Geniä?
5. Miten Genjuu onnistui hallitsemaan ottelun kulkua?

Pohdinta

1. Mitä tunteita hahmot kokivat luvussa?
2. Oletko joskus pelännyt jotain?
3. Oletko onnistunut voittamaan pelkosi? Miten?
4. Miten auttaisit tai rohkaisisit toista, jota pelottaa?

Liikuntatehtävä

1. Hiirenhäntä

   Järkevä ryhmäkoko on noin viisi pelaajaa. Yksi pelaaja menee ringin keskelle pyörittämään narua jalkojen korkeudella. Muut pysyttelevät narun kantaman ulkopuolella tai väistävät narua hyppien. Tavoite on sujahtaa sopivalla hetkellä ringin sisään koskettamaan narun pyörittäjää. Jokainen onnistunut kosketus on yksi piste, mutta ringistä on päästävä myös ulos saamatta osumaa. Osuman saanut joutuu keskelle pyörittämään ja menettää keräämänsä pisteet. Sovitaan pisteraja, esim. kolme pistettä, jonka saatuaan pelaaja voittaa ja pääsee pois pelistä. Jos pyörittäessä huimaa, voi kiertosuuntaa välillä vaihtaa. Hyppynarun tilalla voi käyttää myös lötköpötköä.

2. Pysy tahdissa

   Pari lähtee juoksemaan vierekkäin viivalta toiselle niin, että toinen johtaa, ja toinen yrittää pysyä vierellä samassa tahdissa. Viejän tehtävä on tahtia vaihtelemalla (kiihdyttämällä hidastamalla, jopa nopeasti pysähtymällä) saada toinen tippumaan tahdista. Kyseessä ei ole nopeuskisa, jossa nopeampi voittaa, vaan tavoite on tahdin rikkominen!

18. luku

Ennen finaalia

Luvun tiivistelmä:	Ryoku voittaa Genjuun luovuttaessa ottelun viimeisillä sekunneilla. Tämä saa Ryokun sekaisin, ja Gen yrittää olla ystävä ja tukea Ryokua. Hidari tulee omassa sarjassaan hopealle ja saa Satorulta viimein sinisen vyön.
Teemat:	Voittaminen, häviäminen, pelko, ahdistus

Kuullun ja luetun ymmärrys

1. Mitä yllättävää Ryokun ja Genjuun ottelussa tapahtui?
2. Miten voittaja ratkesi tasatilanteessa?
3. Miksi Genjuu hävisi tahallaan?
4. Miksi Satoru antoi Hidarille sinisen vön?
5. Miltä Ryokusta tuntui ottelun jälkeen? Miksi?

Pohdinta

1. Mitä haluaisit sanoa Ryokulle?
2. Millaista haittaa pelosta on? Voiko siitä olla jotain hyötyäkin?

Taide ja tarkkaavuus

1. Rikkinäinen kuva:
   Piirretään A3 kokoisen kartonkipaperin toiselle puolelle tummilla ja synkillä väreillä asioita, jotka ovat surullisia tai pelottavat. Toiselle puolelle piirretään kirkkailla ja iloisilla väreillä asioita, joista saa lohtua, rohkaisua ja toivoa. Tämän jälkeen paperi leikataan palapeliksi ja palaset sekoitetaan. Kootaan palasista kuva, jossa osa paloista on synkkiä ja osa valoisia. Ei haittaa, vaikka palaset eivät sovi täysin paikalleen, väleihin saa jäädä aukkoja, ja osan paloista saa jättää myös käyttämättä. Jos lopputulos ei miellytä, voi kuvan rakentaa uudelleen. Valmiista työstä otetaan valokuva.

   Edellisen luvun pelkoja käsittelevät tehtävät on hyvä tehdä ennen tätä harjoitusta. Mikäli tehtävät nostavat esille kovaa pelkoa tai ahdistusta, on niistä hyvä puhua turvallisen aikuisen kanssa. Puhua voi esim. vanhemmalle, opettajalle, koulukuraattorille, psykologille tai soittaa lasten ja nuorten puhelimeen.

19. luku

Finaali

Luvun tiivistelmä:	Gen ja Ryoku ottelevat vihdoin finaalissa. Gen hyödyntää kaikkea oppimaansa, ja ottelu on tiukka molempien vuorotellessa johtoasemasta. Ryokun tahti alkaa kuitenkin hiipua, sillä hänen ottelutapansa on aiheuttanut vammoja, jotka kostautuvat pahimmalla mahdollisella hetkellä.
Teemat:	Loukkaantuminen, päättäväisyys, rentous

Kuullun ja luetun ymmärrys

1. Miten Genin ja Ryokun ottelutavat erosivat tosistaan?
2. Mitä yllättävää Ryokulle tapahtui finaaliottelussa?
3. Miksi Ryoku satutti itsensä?
4. Mistä Ryoku löysi uuden päättäväisyyden vielä ottelun lopussa?

Pohdinta

1. Miltä Ryokusta tuntui ottelun aikana? Entä Genistä?
2. Olisiko Ryokun loukkaantumisen voinut välttää? Miten?
3. Miten toimit, jos loukkaat itsesi?
4. Miten toimit, jos joku toinen loukkaa itsensä?
5. Miten huolehdit omasta terveydestäsi ja jaksamisestasi? Mieti asiaa monesta eri näkökulmasta, esim. liikunta, ruokailu, harrastukset ja lepo.

Liikuntatehtävä

Väistö- ja reaktioharjoituksia (pareittain):

1. Harjoitellaan parin kanssa väistöjä. Toinen seisoo paikallaan otteluasennossa tai polvet kevyesti koukussa hartioiden levyisessä asennossa, ja toinen heittää sopivalta etäisyydeltä mahdollisimman huomaamattomasti pehmeitä palloja paria kohti – ei liian lujaa! Vaikeusastetta voidaan säätää heittäjän etäisyyttä säätämällä. Otteluasennossa oleva pyrkii väistämään pallot. Voidaan sopia myös, että ainakin yksi palloista pitää lyödä nyrkillä takaisin. Oleellista on yrittää pysyä rentona, jolloin palloihin reagointi helpottuu. Sovitaan heitettävien pallojen määrä, jonka jälkeen parit vaihtavat rooleja. Jos tehtävä tuntuu vaikealta ja huomaat jännittäväsi, rentouta itsesi ja rauhoita mielesi. Yritä sitten uudelleen. Tarvittaessa kerrataan rentoutusharjoitukset (ks. 4. luvun tehtävät).

31

2. Väistöjä voidaan harjoitella myös lötköpötköillä. Toinen lyö lötköpötköllä kevyesti sivuttaissuunnassa parinsa pään korkeudelle, toisella pyyhkäisee lattiatasolta jalkoja. Parin tehtävä on mennä kyykkyyn selkä suorassa, kun lötköpötkö tulee korkealta, ja hypätä tai nostaa jalka alta pois, kun lötköpötkö pyyhkäisee matalalta. Vaikka lötköpötkö onkin pehmeä, ei sillä ole tarkoitus lyödä toista kovaa. Väistäjän on tärkeää muistaa suojata päätään käsillä. Väistäjä päättää myös harjoittelun tahdin ja sanoo parille, kuinka kovaa ja kuinka tiheään tahtiin lyöntejä saa pötköllä tehdä. Muistetaan, ettei toista saa satuttaa! Sovitaan yhdessä väistöjen määrä, jonka jälkeen parit vaihtavat rooleja.

20. luku

Voittoakin tärkeämpi

Luvun tiivistelmä:	Gen voittaa ottelun. Sarun dojon karatekat tulevat sättimään Ryokua häviöstä, mutta Gen ja muut tukevat Ryokua. Myös Satoru ja Ryoku antavat tukensa Ryokulle, joka tajuaa olleensa väärässä. Hänellä voi olla ystäviä, eikä hänen tarvitse voittaa sitä varten. Ryoku pakenee viidakkoon tunnekuohussa. Genin vanhemmat palaavat kylään ja ilmoittavat jäävänsä sinne. Gen saa jatkaa harjoittelua ystäviensä kanssa.
Teemat:	Ystävyys, harjoittelu

Kuullun ja luetun ymmärrys

1. Miten Tatsumaki suhtautui tappioon?
2. Miksi Ryoku ryntäsi ulos?
3. Millainen uutinen Geniä odotti kotona?
4. Miksi Gen ja Genjuu järjestivät omat salikisat?

Pohdinta

1. Mikä sinun mielestäsi on tärkeintä kilpailussa?
2. Mitä haluaisit sanoa Katsulle tai Kentalle?
3. Mitä haluaisit sanoa Ryokulle? Miten sinä tukisit häntä?
4. Millainen on sinun mielestäsi hyvä ja todellinen ystävä?

Taide ja tarkkaavuus

1. Piirrä kuva, jossa sinä ja sinulle tärkeät henkilöt teette yhdessä jotain hauskaa.
2. Kumman arvelet voittaneen salikisan? Voittiko Gen vaiko Genjuu? Kirjoita jatkoa tarinalle, mitä ottelussa tapahtui?

21. luku

Karkkipussi

Luvun tiivistelmä:	Kenta kiusaa pientä kissatyttöä nimeltä Aiko. Gen puuttuu tilanteeseen, ja Kenta hyökkää. Gen puolustaa itseään, kuten tiikerikaksoset aikoinaan häntä auttaessaan, ja Kenta pakenee lopulta paikalta. Aiko haltioituu Genin karatetaidoista ja päättää myös aloittaa karaten harrastamisen.
Teemat:	Kertaus

Kuullun ja luetun ymmärrys

1. Miten Gen toimi Kentan hyökätessä?

Pohdinta

1. Mitä haluaisit sanoa Kentalle?
2. Mitä haluaisit sanoa Aikolle?
3. Luvun nimi on Karkkipussi. Miksi arvelet näin olevan? Mitä merkityksellistä karkkipussissa on?
4. Minkälaisia asioita tai tilanteita sinulle jäi kirjasta mieleen? Herättikö jokin kohta tarinassa ajatuksia? Opitko jotain? Mitä?

Taide ja tarkkaavuus

1. Mikä kohta kirjasta jäi parhaiten mieleesi? Piirrä siitä kuva. Voit piirtää myös kuvasarjan kirjan oleellisimmista tai mieleenpainuvimmista kohdista. Voidaan toteuttaa myös ryhmässä.
2. Piirrä oma karatehahmosi.
3. Kirjoita kirjasta kirja-arvio.
4. Kirjoita henkilökuvaus jostain kirjan hahmosta.

Draama ja toiminta

Kuvittele olevasi koulun lehtitoimittaja Yuki. Haastattelet jotakuta kirjan hahmoista, jonka rooliin parisi eläytyy. Mitä haluaisit kysyä? Mitä hahmo vastaisi? Näytelkää haastattelutilanne.

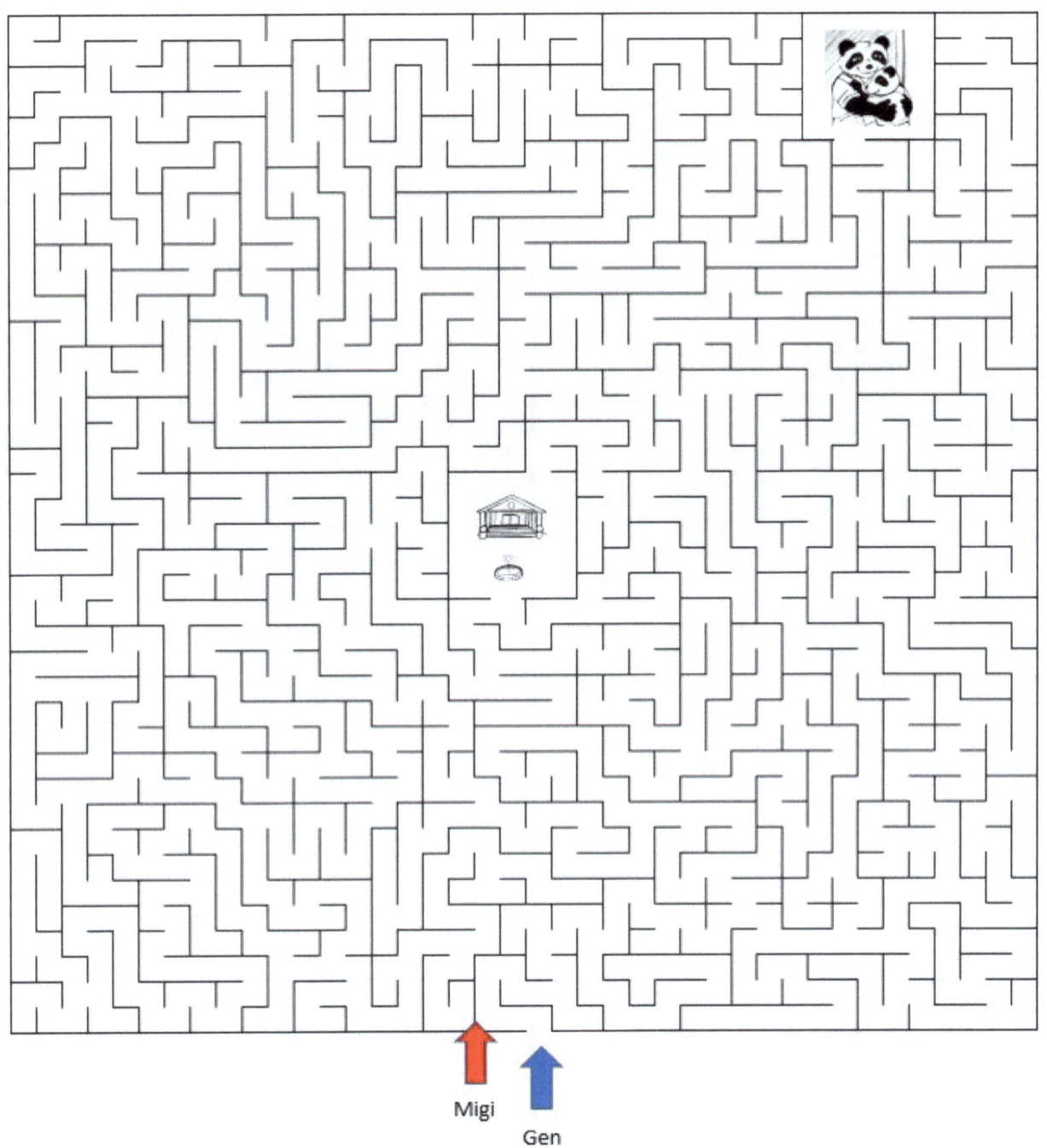

1. Auta Chun keskustorin kautta Wen-sedän luo.
2. Auta Migi Wen-sedän luo kulkemalla viivoja pitkin. Saat loikata matkan aikana viivalta toiselle <u>kaksi kertaa</u>. (Ulkoreunoja pitkin ei saa kulkea!)

<u>Kaze</u>

Tatsumaki

Tavoite: Mitä haluan oppia?		
Miksi haluan oppia tämän?		
Välitavoitteet: Mitä minun on tehtävä tai osattava ensin?	Miten saavutan tavoitteeni?	Kuka voisi auttaa minua?
1.		
2.		
3.		
4.		
5. Lopullinen tavoite		
Mistä huomaan, että olen saavuttanut tavoitteeni?		
Mitä teen sitten, kun olen saavuttanut tavoitteeni? Miten palkitsen itseni?		

Vastaukset

Eksyksissä

1. Miksi Chun eksyi?
   Hän hukkasi vahingossa reittiohjeet ja kääntyi väärään suuntaan.
2. Ketkä auttoivat Chunia?
   Tiikerikaksoset Migi ja Hidari
3. Miten tiikerikaksoset toimivat apinoiden hyökätessä?
   He torjuivat, väistelivät ja ohjasivat hyökkäykset sivuun lyömättä tai potkimatta itse.

Taide ja tarkkaavuus:

Liite 1: Labyrinttisokkelo:

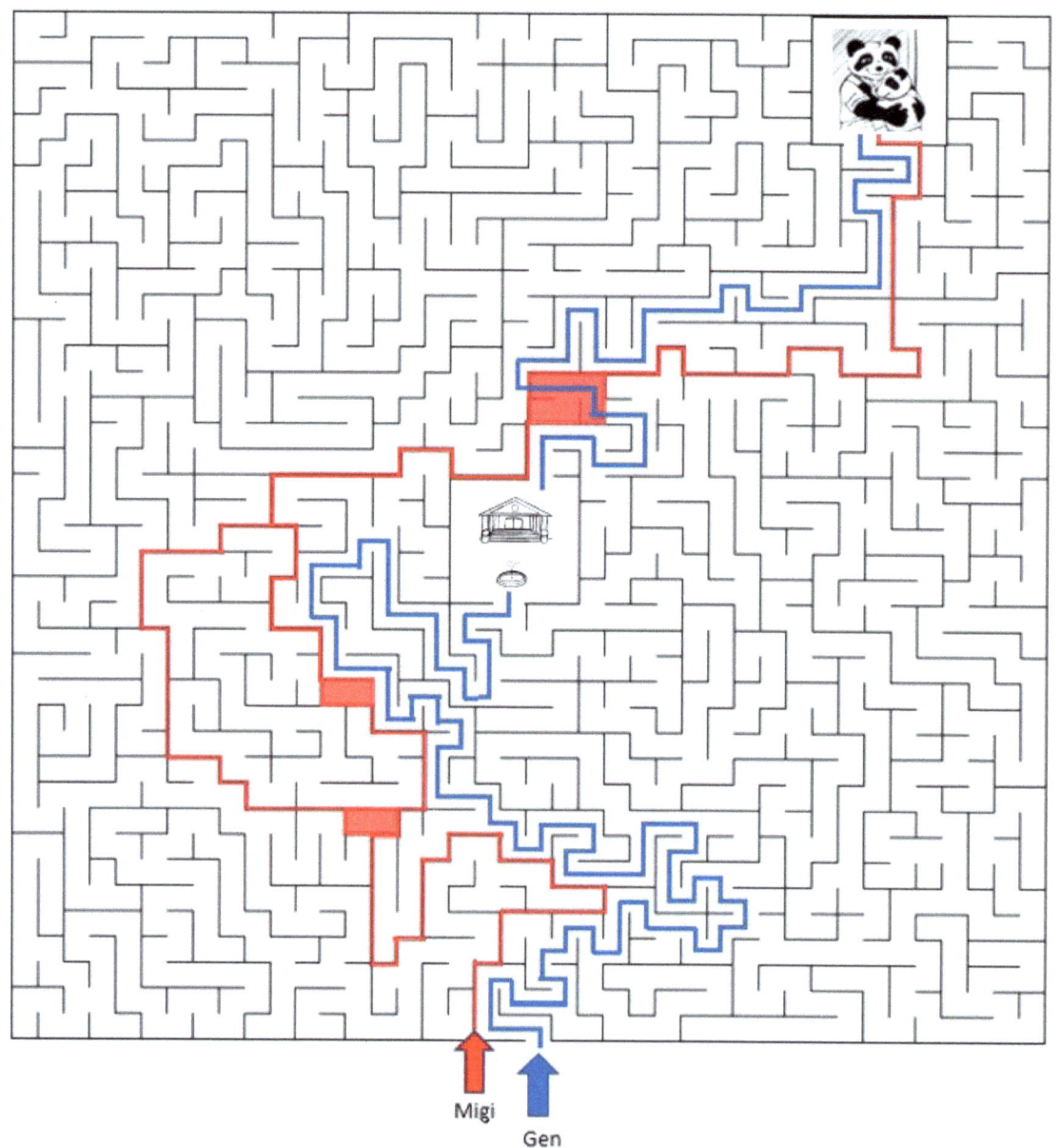

Satorun koe

1. Mikä on dojo?
   Dojo on harjoituspaikka tai -sali.
2. Missä Satorun dojo sijaitsi?
   Metsässä.
3. Miksi Satoru testasi Chunia?
   Hän halusi nähdä, ettei Gen luovuta pahassakaan tilanteessa, ja että hän haluaa harjoitella karatea oikeista syistä.
4. Miltä Chunista tuntui testin aikana?
   Hänen teki hetken mieli luovuttaa.
5. Mikä auttoi Chunia jatkamaan?
   Hän muisti Wen-sedän neuvot: Koskaan ei pidä luovuttaa. Vaikka joskus epäonnistuisikin, on tärkeää, että on yrittänyt ja tehnyt parhaansa.

Ensimmäiset harjoitukset

1. Miksi Gen ei aluksi pitänyt Genjuusta?
   Genjuu vaikutti hänestä pelottavalta, koska kaksosten käytös muuttui hänen saavuttuaan dojolle. Geniä turhautti myös se, että Genjuu harjoitteli liian kovaa hänen kanssaan, vaikka lupasi keventää otteitaan.
2. Mitä Gen oppi?
   Hän oppi, ettei pidä tehdä liian nopeita johtopäätöksiä toisista.

Nopeat kädet

1. Mitä Gen harjoitteli?
   Hän harjoitteli rentoutta ja pyykkipoikien nappaamista.
2. Miksi Gen harjoitteli rentoutumista?
   Hän jännitti liikaa, mikä hidasti häntä ja teki hänen liikkeistään helposti havaittavia.
3. Minne Gen ja hänen ystävänsä menivät päivää ennen kisoja?
   He menivät kylän uuteen pelihalliin.
4. Mitä Gen huomasi oppimistaan taidoista?
   Hän huomasi pystyvänsä hyödyntämään karatessa oppimiaan taitoja myös salin ulkopuolella ja päinvastoin.
5. Miksi Geniä pelotti?
   Tiikerikaksoset olivat ehtineet jo lähteä, ja hän oli yksin, kun Kenta tuli kiusaamaan häntä.

Kohtaamisia kisapaikalla

1. Miten Sam-koala toimi Kentan kanssa?

   Hän ei reagoinut tämän uhmailuun vaan pysyi rauhallisena.

2. Miten Jaaku huijasi Geniä?

   Hän esitti aluksi helppoa vastusta, jolloin Gen ei muistanut olla varuillaan. Jaaku pääsi näin yllättämään Genin.

Tiukkoja tilanteita

1. Miltä Genistä tuntui otella uuden kaverin kanssa?

   Gen epäröi, pystyisikö hän ottelemaan kaveria vastaan tosissaan. Hän oli aiemmin otellut vain harjoitusotteluita kavereiden kanssa.

2. Miksi Gen alkoi väsyä ottelun aikana, mutta Sam ei?

   Gen oli loikkinut ympäri tatamia, mikä väsytti hänet, kun taas Sam pysyi tatamin keskellä paikallaan tai liikkui vain vähän ja teki harkittuja hyökkäyksiä.

3. Miksi Kenta hylättiin kisasarjasta?

   Hän käyttäytyi epäurheilijamaisesti. Tuomari oli jo pysäyttänyt ottelun, mutta Kenta hyökkäsi silti Hidarin kimppuun kiukuspäissään ja satutti tätä.

4. Mitä erikoista avoimessa sarjassa oli?

   Sarjassa sai käyttää shippo- eli häntätekniikoita. Myös kärsät, siivet ja muut vastaavat olivat sallittuja.

Menneisyyden varjot

1. Millainen henkilö Saru on?

   Hän on kilpailunhaluinen ja voitontahtoinen. Hän haluaa dojollensa menestystä kisoissa ja hyödyntää ottelussa jokaisen mahdollisuuden tehdä piste. Hän antoi jopa anteeksi Ryokun väkivaltaisen käytöksen, jotta tämä toisi dojolle lisää voittoja kisoista.

2. Kuka Kensei oli?

   Kensei oli Satorun enstinen oppilas ja Genjuun vanha ystävä, joka voitontahtonsa ja erimielisyyksien takia lähti Satorun dojosta Sarun luo ja vaihtoi nimensä Ryokuksi.

3. Miksi Kensei oli lähtenyt Satorun dojosta?

   Hän oli voitontahtoinen ja halusi olla paras. Hävittyään kisoissa hän syytti Satorua siitä, ettei tämä ollut opettanut häntä riittävän hyvin.

4. Mitä Ryokun ja Katsun välillä oli tapahtunut?

   He olivat tapelleet keskenään, ja Katsu oli loukkaantunut niin pahasti, että joutui lopettamaan karaten harrastamisen.

Haaste

1. Miksi Ryoku haastoi Genin?

   Hän oli kateellinen siitä, että muut ajattelivat Genin olevan erikoinen ja koki Genin uhkana. Hän halusi osoittaa olevansa edelleen paras.

2. Miksi Gen lopulta hyväksyi haasteen?

   Hän halusi Ryokun lopettavan toisten kiusaamisen.

Vyökoe

1. Millaisia haasteita Genillä oli vyökokeessa?

   Potkuissa hänen oli vaikeuksia saada jalka riittävän korkealle. Hän alkoi kiinnittää liikaa huomiota virheisiinsä, mikä lisäsi hänen jännitystään.

2. Mikä sai Genin olon helpottumaan?

   Hän muisteli saamiansa ohjeita ja neuvoja eikä enää murehtinut virheitään vaan pyrki tekemään koko ajan paremmin.

Haikeat syntymäpäivät

1. Miksi Gen oli surullinen?

   Hänen oli palattava takaisin Kiinaan ja hyvästeltävä ystävänsä.

2. Miten muut yrittivät piristää Geniä?

   He veivät Genin kokeilemaan erilaisia asioita ja auttoivat syntymäpäiväjuhlien järjestelyissä.

3. Mitä yllättävää juhlissa tapahtui?

   Genin vanhemmat tulivat ja paljastivat, että Genin oli palattava heidän mukanaan kotiin.

4. Miksi Gen tulikin takaisin?

   Genin vanhemmat saivat pitkän työtehtävän Euroopasta ja ajattelivat, että Genin olisi sittenkin parempi jäädä Wen-sedän luo siksi aikaa.

Uusi koulu

1. Millaisen tehtävän Gen sai koulun lehdestä?

   Hänen oli otettava kuvia koulun jokavuotisen liikuntatapahtuman toiminnasta.

2. Miksi Kenta ja Taro yllyttivät Geniä?

   He halusivat Genin joutuvan vaikeuksiin karatetekniikoiden luvattomasta käytöstä.

3. Mitä Tarolle tapahtui?

   Hän säikähti Kentan yllättävää karatetekniikkaa, kaatui palkintovitriiniä päin ja loukkaantui.

Talviharjoittelua

1. Mitä taitoa Gen ystävineen harjoitteli?
   He harjoittelivat pyyhkäisytekniikoita.
2. Miksi Hidari satutti itsensä?
   Hän hoppuili eikä kuunnellut Satorun ohjeita.

Leiri

1. Mitä erikoistekniikkaa Tatsuon leirillä opeteltiin?
   Leirillä harjoiteltiin shippo- eli häntätekniikoita.
2. Mikä oli leirin tarkoitus?
   Leirin tarkoitus oli oppia tuntemaan itsensä paremmin ja tutustua omiin sekä toisten karatetapoihin, niiden vahvuuksiin ja heikkouksiin.
3. Liitteet 3 ja 4. Väritetään Kaze ja Tatsumaki. Kirjoitetaan kuvien ympärille ajatuskartat, mitä hahmoista opittiin. Millaisia ominaisuuksia ja vahvuuksia heillä on?
   Kaze: Vihreällä vyöllä, liikkuu nopeasti tatamilla, vitsailee ja jekkuilee, puhelias
   Tatsumaki: Sinisellä vyöllä, hyökkää voimakkaasti mutta suoraviivaisesti ja ennakoitavasti, haluaa menestyä kisoissa. Puhuu vain, kun on tarve.

Kensei

1. Miksi Ryokulle oli niin tärkeää olla paras?
   Häntä oli pienempänä kiusattu ja jätetty aina viimeiseksi. Hän ei halunnut olla enää viimeinen vaan se paras, joka valitaan aina ensimmäisenä mukaan ja jota kukaan ei uskaltaisi kiusata.
2. Mitä neuvoja Tatsuo antoi Genille?
   Genin oli autettava Ryokua tämän vaikeimpana hetkenään olemalla Ryokun tukena. Voittaakseen hänet ottelussa Genin oli hyödynnettävä omia vahvuuksiaan, varottava Ryokun häntää ja päästävä hänen lähelleen.

Vastoinkäymisiä

1. Mitä vaikeuksia Hidarilla oli vyökokeessa?
   Hänellä oli vaikeuksia tasapainossa ja keskivartalon hallinnassa.
2. Miksi epäonnistuminen tuntui Hidarista niin pahalta?
   Migi ja hän olivat aina suorittaneet vyöt yhdessä, ja nyt hänestä tuntui siltä, etteivät he olleet enää tasavertaisia. Hidari koki jääneensä siskostaan jälkeen. Lisäksi myös Ryoku oli saanut uuden vyön, mikä korosti tunnetta, että vain Hidari jäi ilman vyötä.
3. Mistä Ryoku suuttui?
   Jaaku kertoi veljensä Katsun olevan palaamassa, ja että tämä aikoi osallistua karatekisoihin.

Kisat alkavat

1. Mitä erikoista Genin vastustajassa oli?

   Hän osasi otella unissaan.

2. Miten Lucasin ottelutyyli muuttui ottelun aikana?

   Hereillä Lucas oli otellut kuin kuka tahansa karateka. Ollessaan unessa hän vaappui ja huojui oudosti ja väisteli hyökkäyksiä kuin vahingossa ja teki yllättäviä hyökkäyksiä.

3. Millainen oli Kazen ottelutaktiikka?

   Hän liikkui ketterästi tatamilla, teki harhautuksia ja hyökkäsi nopeasti eri suunnista.

4. Miten Hidari onnistui voittamaan?

   Hän oppi, miten Kaze toimi ja osasi varautua tämän hyökkäyksiin. Hän onnistui säilyttämään tasapainonsa ja kehonhallintansa ratkaisevilla hetkillä.

Semifinaalit

1. Mikä oli Tatsumakin erikoistekniikka?

   Hän hyökkäsi pyörremyrskymäisellä kiertopotkujen sarjalla.

2. Mistä Ryoku järkyttyi?

   Hän ei päässytkään ottelemaan Katsua vastaan kuten oli kuvitellut.

3. Mitä Gen pelkäsi?

   Katsu oli lyönyt häntä kovaa, mikä sai Genin pelkäämään Katsun lyöntejä. Gen pelkäsi, että häntä sattuisi uudelleen.

4. Miksi Ryoku kannusti Geniä?

   Hän tunnisti Katsun alhaiset temput, mikä herätti ikäviä muistoja siitä, miten Katsu oli kiusannut häntä. Hän halusi otella mieluummin Genin kanssa finaalissa.

5. Miten Genjuu onnistui hallitsemaan ottelun kulkua?

   Hän vaihteli ottelurytmiään puolustavasta hyökkäävään ja takaisin uuvuttaen Ryokua.

Ennen finaalia

1. Mitä yllättävää Ryokun ja Genjuun ottelussa tapahtui?

   Genjuu laski puolustustaan viimeisillä sekunneilla ja antoi Ryokun voittaa.

2. Miten voittaja ratkesi tasatilanteessa?

   Ottelussa ensimmäisenä pisteen tehnyt voitti.

3. Miksi Genjuu hävisi tahallaan?

   Hän koki jo voittaneensa. Hän tajusi myös, ettei riittänyt, että vain hän voitti Ryokun. Genin piti voittaa Ryoku myös.

4. Miksi Satoru antoi Hidarille sinisen vön?

   Hidari oli otteluiden aikana osoittanut korjanneensa kaikki ne virheet, joita hänellä oli ollut vyökokeessa.

5. Miltä Ryokusta tuntui ottelun jälkeen? Miksi?

Hän koki epäonnistuneensa ja oli vihainen, koska ei ollut voittanut johtopisteillä. Kuullessaan Genjuun hävinneen tahallaan hän meni paniikkiin. Hän koki hävinneensä ja pelkäsi toisten ilkkuvan hänelle. Hän tunsi surua, kiukkua ja häpeää.

Finaali

1. Miten Genin ja Ryokun ottelutavat erosivat tosistaan?

Gen pysytteli rauhallisena, rentona ja päättäväisenä. Ryoku hyödynsi paljon häntäänsä, ahdistui jokaisesta Genin tekemästä pisteestä ja hyökkäsi raivoisasti uuvuttaen ja repien itseään.

2. Mitä yllättävää Ryokulle tapahtui finaaliottelussa?

Hän loukkaantui. Hänen kätensä ja jalkansa revähtivät.

3. Miksi Ryoku satutti itsensä?

Hän ei ollut muistanut huolehtia lihashuollosta ennen finaalia, pakotti väsyneet lihaksensa äärimmilleen eikä kuunnellut neuvoja.

4. Mistä Ryoku löysi uuden päättäväisyyden vielä ottelun lopussa?

Hän oli kokenut hetkellisesti rentouden, joka mahdollisti hänen nopean reaktionsa.

Voittoakin tärkeämpi

1. Miten Tatsumaki suhtautui tappioon?

Vaikka se harmittikin, tappio kannusti häntä harjoittelemaan enemmän ja tekemään paremmin. Seuraavissa kisoissa hän pystyisi testaaman taitojaan ja kehitystään uudelleen.

2. Miksi Ryoku ryntäsi ulos?

Hän liikuttui niin paljon siitä, että Gen ja muut tukivat häntä. Tämä tunne oli hänelle liikaa.

3. Millainen uutinen Geniä odotti kotona?

Hänen vanhempansa aikoivat muuttaa Midoriin. Gen saisi jäädä sinne asumaan ja jatkaa karaten harrastamista.

4. Miksi Gen ja Genjuu järjestivät omat salikisat?

He halusivat nähdä, miten olisi käynyt, jos he olisivat otelleet keskenään finaalissa.

Karkkipussi

1. Miten Gen toimi Kentan hyökätessä?

Hän torjui, väisteli ja ohjasi hyökkäykset sivuun lyömättä tai potkimatta itse, kuten Migi ja Hidari olivat tehneet kirjan ensimmäisessä luvussa Geniä auttaessaan.

Pohdinta

3. Luvun nimi on Karkkipussi. Miksi arvelet näin olevan? Mitä merkityksellistä karkkipussissa on? Kirja alkoi karkkipussista ja päättyi karkkipussiin. Gen eksyi alussa ostettuaan karkkipussin, ja nyt ympyrä sulkeutuu hänen auttaessaan Aikoa, jonka karkkeja Kenta yritti viedä.